Unicorn German Series ❦ Günter Eich

UNICORN GERMAN SERIES

1969

BIENEK   *Translated by Ruth & Matthew Mead*
BORCHERS   *Translated by Ruth & Matthew Mead*

1971

EICH   *Translated by Teo Savory*
PIONTEK   *Translated by Richard & Mary Anne Exner*

UNICORN GERMAN SERIES

GÜNTER EICH

Translated by
TEO SAVORY

1971
Unicorn Press
Santa Barbara

Typography and cover design by Alan Brilliant
Set in Trajanus by Achilles Friedrich
Printed by Elmer Pickard
The Unicorn German Series is edited by Teo Savory

Unicorn Press
P.O. Box 1469
Santa Barbara, California 93102

*This third publication in the Unicorn German Series
has, in part, been made possible by the generosity and
encouragement of Bayerische Akademie der Schönen
Künste. Assistance from the National Endowment for
the Arts is also appreciatively acknowledged. The
translator received assistance from Dr. Rainer Nägele.*

L.C. Catalogue Number 69-13015
S.B.N. 0-87775-020-3

CONTENTS

Changed Landscape

Sadness comes from the south
showing us fields of snow
and clearings in the woods,
forgotten places in the heart,
tree-clumps of doubt,
the winding roads of hope
and poverty's fences.

The fallow fields indicate
whether the dead keep track of the Föhn.
(It's changeable,
the way snow-patches are.)
News from mole-hills
will still be transmitted,
but the names of the villages
are no longer in force.

Insight

Everyone knows
that Mexico's an imaginary place.

When I opened the kitchen cupboard,
I found truth
covered
in labeled tins.

Rice-grains
from centuries rest here.
In front of the window
the wind goes on its way.

Postscript

I'll read none of the books.

I remember
tree-trunks with their winter straw around them,
stacks of unfired bricks on shelves.
Sorrow stays and memories go.

I want to spend my old age
in the wine's green twilight,
without speech. The tin plates crackle.

Bend low over the table! In the shadow
the postcard from Portugal turns yellow.

Siege

Birds, coming to feed,
retain your image on their retina.
They carry it to the wolves in the thicket,
into the preparation of spring tides
and to the meeting place of the sharks.

At evening, sunsets
and the friendliness
lighting up windows
should make you feel safe.
But you know what eyelids
have opened over the green lights.
The exits are watched.

Toss for it, since you're surrounded,
keep score on the boughs in front of your window,
read it in the lines of your hand:
the one who commands the attack
is also in charge of your rescue.

In the morning the wolves lose your tracks
                    in the snow.

Beach-Combings

Fragments of dialogue
held under water,
cast-off answers on the sand —

No tracks but the waves' margins,
with jellyfish and particles of seaweed,
slivers of wood, musselshells and ambergrits,
and when the wave again dashes back,
the sand, under moisture,
is brightened once more,
as in a swift dawn.

Expecting the question, the grass
flutters on the dunes.

Beach with Jellyfish

Star-coins, sea-dollars,
beaten out in the water's forge,
under the rule of forgotten kings.
Silvery slime, congealed in December-frost.
The heraldic insignia, reddish and transparent,
the hieroglyphic inscriptions
are undecipherable.

Hidden are the markets
where the seaweed forests of dreams,
the shares in the rain falling on the sea,
and the civic rights of submerged towns
are bought and sold.

Poverty does not stoop,
the pinetree turns to landward.
No one is expected but the wind.

Days With Jays

The jay doesn't toss me
any blue feathers.

The acorns of his cries
roll in the dawn.
Bitter bread,
our daily food.

All day long, under red leaves,
with his hard beak
he hacks out night
from branches and fruits:
a clout for my cover.

His flight resembles a heartbeat.
But where does he sleep,
and whom does his sleep resemble?
Unseen in the darkness,
the feather lies ahead of my shoe.

Raspberry Canes

The forest behind thoughts,
the raindrops on them,
and yellowed by autumn —

oh, they speak, expressing raspberry canes,
and they whisper berries in your ear,
red ones, fallen onto moss.

Your ear does not understand them,
my mouth does not express them,
words do not prevent their decay.

Hand in hand between unthinkable thoughts,
the trail is lost in the thicket.
The moon opens its eye,
yellow and forever.

February

Driven by the wind through empty streets
past public house and shop —
snow has chafed my cheeks
and torn my skin apart.

Twisted signs scattered from ashes
— my ears tingle, who wanted to reach me? —
ashes the wind blew free over the stone,
no heart, no ringing can fetch me.

But runners slide in cart tracks,
thoughts have stamping hoofs,
out of the wind-swollen sleeves of ice,
an echo seizes briefly on gratings and roofs.

Was it you, Shadow, who thought of me?
You, in the bell's ringing there,
You who laughed and softly called to me,
threw ashes on my eyebrows and hair?

Examine Your Fingertips

Examine your fingertips — have they changed color yet?
One day it will come back — the exterminated plague.
The postman will throw it with a letter into the
                                    rattling mailbox,
it will lie with a ration of herring on your plate,
the mother will offer it to her child with her breast.

What shall we do when not a soul
who knew how to handle it is still alive?
Whoever is good friends with horror
can wait for its visit in peace.
We prepare ourselves again and again for happiness
but it never sits willingly in our easy-chair.

Examine your fingertips! When they turn black,
it's too late.

Shortly Before Rain

Looks like rain — bring in the wash!
Clothespins swing on the line.
A cloud's shadow darkens the stone.
The roofs are full of thoughts.

They are covered with slate and tile,
whitewashed chimneys and corrosive smoke.
My eyes listen to the dismaying words,
oh soundless call from the burning bush!

A sobbing begins to rise in me.
The moving shadows change the stone.
A wind-squall tugs at the fluttering shirts.
It's going to rain — bring in the wash!

March

Many still hope
that the year will end here.
But the melting snows in flood
are pitiless.

The mole's pelt
black from sleep.
For the one who loves you
the weeks pass
while hailstones
melt on the back of your hand.

Engraved on a slate
childhood returns:
the grass stands up and listens.

Clearings In The Woods

Spiderwebs over the grass,
the bicycle against the pinetree's trunk,
the pheasant in the gamekeeper's bag —

all flowing together into the token
that the birds take along in their flight
to winter quarters.

The band from the bird-station.

A stranger comes across it
on the foot of a hedge-sparrow.
Astonished, he reads the message.

Where I Live

When I opened the window
fish swam into the room.
Herring. A whole shoal
passed by, it seemed.
And some played among the peartrees.
But most of them stayed in the woods,
over saplings and gravelpits.

They're a nuisance. But still more so
the sailors
(the higher ranks too — bosuns, captains),
who often come to the open window
and beg a light for their wretched tobacco.

I'm going to move out.

In Sunlight

This share of the sun,
copper and gold
as it falls on this blinking sleeper
— I haven't asked for it.

I don't want it to brown my skin
or do me good —
I fear good luck
— I haven't asked for it.

You who accept it,
copper and gold,
as it fattens the corn-ear
and heats the wine-grape
— who are you that you aren't afraid?

What was so generously given,
what we take without thinking,
the unasked-for gift —
some day, dismayed,
we'll have to give back.

What was once given to squander,
the small copper coins,
the pile of gold,
the wasted riches — all
will have to be repaid to the penny.

But we will have empty pockets
and the lender's hard-hearted.
What will we pay with?
My brothers, why aren't you afraid!

Journey

You can turn away
from the leper's rattle,
lock up window and ear
and wait till he's gone.

But once heard
you hear it forever,
and as he won't go away,
then you must go.

Pack up a bundle, not too heavy
as there's no one to help you carry it,
go out stealthily, don't shut the door:
you won't be coming back.

Go far enough to escape him,
travel by ship or seek out the wilderness:
that clapper won't be silenced.

Even when he stays behind, you take it with you.
Hear how the eardrum pounds
from the clapper of your own heartbeat!

End of August

With white bellies the dead fish hang
between duckweed and reeds.
The crows have wings for escaping from death.
Sometimes I know that God
cares most of all for the existence of snails.
He builds them houses. But us he does not love.

The bus carrying the football team home
at evening trails a white dust-flag.
The moon shines in the willow thicket
united with the evening star.
How near you are, Immortality, in the bat's wing,
in the twin-eyed headlights
as they draw closer down the hill.

Brook In December

The waterplant's green topknot
combed from the current
into the stone's forehead.
Thoughts
make the water icy.

The lines of the ice-crust sketch out unrest,
the fever of reeds, the earthquake of snails.
Their diagrams are awaited.

The oilslick sails down like a boat,
the fish-hook's shadow is forgotten.
Current, insight of fish . . .

The Man In The Blue Jacket

The man in the blue jacket
going home, shouldering his hoe:
I see him through the pickets of the fence.

So they went at evening in Canaan,
so they go home from the rice paddies of Burma,
from the potato-fields of Mecklenburg,
home from Burgundian vineyards and the gardens
    of California.

When the lamp shines from behind steamy windows
I envy the happiness I don't have to share —
the patriarchal evening,
with stove-fires, childrens' washing, and frugality.

The man in the blue jacket goes homeward;
in the shining twilight his shouldered hoe
looks like a gun.

West Wind

Wind forecast:
Atlantic disturbance;
carries the snow here
and stirs the stove-fire.

Rust-stains
on the Crusader's armour;
raindrops nobody's wiped off
since he died.

Smell of dog's hide
and glued hair.
The cloven hoofs of the oxen
sink down softly.

On the cowl of my coat
pearls of thawed snow
are lit up
by the shopkeeper's window.

Atlantic depression:
tomorrow the jays
on the fir trees will be
in full agreement.

Longi- and latitude:
the municipal seal
determines the spot
raindrop
on the birth certificate.

The salt of wisdom
and the graves in the churchyard.
I don't tell you often enough
that I love you.

Inventory

This is my cap,
this is my coat,
here is my shaving-gear
in a linen pouch.

A preserves can:
my plate, my mug,
I've scratched my name
in the tin coating.

Scratched it here
with this priceless nail
that I hide from
greedy eyes.

In my knapsack's
a pair of wool socks,
and some things I'll
never tell anyone about,

that serves my head
every night as a pillow.
The cardboard here lies
between me and the ground.

This pencil-lead is
my favorite thing:
Days it writes verses for me
that I've invented at night.

This is my notebook,
this is my canvas strip,
this is my towel,
this is my thread.

Slight Repair

A slight repair: one burst from the blowtorch.
One man is enough.
A crack, he says, in the bridge-railing.

One piece of adhesive tape.
That's what he says, to delude us,
for sicknesses lurk in the global wire system.
Telephone lines and overseas cables spread them further:
syphilis, tuberculosis, cancer, leukemia,
diseases that aren't appropriate for metal.
They've been recognized too late.

But who's been able to stop them?
Perhaps there's a plan behind all that:
it could be that a change of rank's in motion.
First, man must give up
his sicknesses.
Other things later.

In Other Languages

When the magpies' flight questioned me,
and the seesaw of wagtails,
in all the centuries before my birth,
when the mute questioned me,
my ear gave him the answer.

Today the view from the window
reminds me.
I'm thinking into the twilight
where the answer takes wing,
moving its feathers.
The answer stirs in my ear.

While my breath takes the trouble
to name the unseparated,
the greensward's translated me,
the twilight thinks me.

Rain's News

News intended for me
drummed out from rain to rain,
from roof-tiles to shingles,
dragged in like an illness,
contraband, smuggled across to one
who does not want it —

On the other side of the wall the gutters
rattle the letters and encode them,
and the rain speaks
in the language I thought
no one but me could understand.

Dismayed I hear
news of despair
news of poverty
and of reproach.
It sickens me, when I feel I'm not
guilty, to be their receiver.

I speak out loud,
saying I do not fear the rain and its accusations,
nor do I fear the one who sent them:
in my own good time
I shall go out and answer him.

Wake Up, You're Having Bad Dreams!

Wake up, you're having bad dreams!
Keep awake, the nightmare's coming nearer.

And it will come to you, though you live far from
     the places where blood is shed,
it will come to you, too, and into your afternoon nap,
even though you don't like to be disturbed.
If it doesn't come today, it will come tomorrow,
you can be sure of that.

"Oh comfortable sleep
on this red-flowered cushion,
Anita's Christmas present that she spent three weeks
     embroidering,

Oh comfortable sleep,
when the roast was rich and the greens were tender.
Falling asleep, you remember last night's newsreel:
Paschal lambs, awakening Nature, the opening
     of the casino at Baden-Baden;
Cambridge won from Oxford by two-and-a-half lengths—
that's enough to keep the brain busy.

Oh this soft pillow, first-class down!
On it you forget the world's vexations,
     those news items:
The defendant accused of abortion said in her defense —
That woman, mother of seven, came to me
     with a nursing baby,
she hadn't any diapers for it,
it was swaddled in newspaper.
Well, that's the court's concern, not ours.
There's nothing you can do about it, when one man's lot
     is harder than another's.
Maybe our grandsons can struggle against
     whatever comes."

"You're already asleep? Wake right up, my friend!
The current is already running through the
        wire enclosure, and the guards are posted."

No, don't sleep while the world's stewards are busy!
Don't trust their power, which they say they must have
        for you.
Watch out, don't let your hearts be empty when
        they expect your hearts to be empty!
Be useless! Sing songs that no one expects to come
        out of your mouth!
Be disturbing! Be sand, not oil, in the world's gears!

INHALT

Veränderte Landschaft

Die Schwermut kommt von Süden,
daß wir die Schneefelder sehen
und die Waldblößen,
die Stellen im Herzen,
die vergessen sind,
Baumgruppen des Zweifels,
die geschwungenen Wege der Zuversicht
und die Zäune der Armut.

Ob die Toten den Föhn spüren,
zeigen die Brachfelder an.
(Es ist verschieden
wie die Schneereste verschieden sind.)
Die Nachricht der Maulwurfshügel
wird noch weitergegeben,
aber nicht mehr gültig sind
die Namen der Dörfer.

Briefstelle

Keins von den Büchern werde ich lesen.

Ich erinnere mich
an die strohumflochtenen Stämme,
an die ungebrannten Ziegel in den Regalen.
Der Schmerz bleibt und die Bilder gehen.

Mein Alter will ich in der grünen Dämmerung
des Weins verbringen,
ohne Gespräch. Die Zinnteller knistern.

Beug dich über den Tisch! Im Schatten
vergilbt die Karte von Portugal.

Einsicht

Alle wissen,
daß Mexiko ein erfundenes Land ist.

Als ich das Küchenspind öffnete,
fand ich die Wahrheit
zugedeckt
in den beschrifteten Büchsen.

Die Reiskörner
ruhen sich aus von den Jahrhunderten.
Vorm Fenster
setzt der Wind seinen Weg fort.

Belagerung

Vögel, die um Futter kommen,
behalten dein Bild auf der Netzhaut.
Sie tragen es zu den Wölfen ins Dickicht,
in die Bereitstellung der Springflut
und zum Sammelplatz der Haie.

Abends sollen dich
die Sonnenuntergänge sicher machen
und die Freundlichkeit,
mit der die Fenster erleuchtet werden.
Aber du weißt, welche Lider
sich über den grünen Lichtern geöffnet haben.
Die Auswege sind bewacht.

Würfle es jetzt, da du umstellt bist,
zähle es ab an den Ästen vor deinem Fenster,
lies es in den Linien deiner Hand:
Der den Angriff befiehlt,
ist auch um deine Rettung besorgt.

Die Wölfe verlieren morgens deine Spur im Schnee.

Strandgut

Bruchstücke von Gesprächen,
die unter Wasser geführt werden,
auf den Sand geworfene Antworten, —

Keine Fährten, aber die Wellenränder
mit Quallen und Algenteilchen,
Holzsplitter, Muschelschale und Bernsteinrest,
und die Welle, die zurückläuft,
daß hinter der Feuchtigkeit
der Sand sich wieder erhellt,
als begebe sich eine schnelle Dämmerung.

Die Frage erwartend
flattert das Gras auf der Düne.

Strand mit Quallen

Sterntaler, Meertaler,
geprägt in der Schmiede des Wassers
unter der Herrschaft nicht mehr verehrter Könige.
Silberner Schleim, erstarrt im Dezemberfrost.
Undeutbar
das rötlich durchscheinende Wappentier,
hieroglyphisch die Inschrift.

Verborgen sind die Märkte,
wo Tangwälder von Träumen gehandelt werden,
Anteile am Regen, der ins Meer fällt,
und das Bürgerrecht versunkener Städte.

Die Armut bückt sich nicht,
die Kiefer dreht sich landeinwärts.
Niemand wird erwartet außer dem Wind.

Tage mit Hähern

Der Häher wirft mir
die blaue Feder nicht zu.

In die Morgendämmerung kollern
die Eicheln seiner Schreie.
Ein bitteres Mehl, die Speise
des ganzen Tags.

Hinter dem roten Laub
hackt er mit hartem Schnabel
tagsüber die Nacht
aus Ästen und Baumfrüchten,
ein Tuch, das er über mich zieht.

Sein Flug gleicht dem Herzschlag.
Wo schläft er aber
und wem gleicht sein Schlaf?
Ungesehen liegt in der Finsternis
die Feder vor meinem Schuh.

Himbeerranken

Der Wald hinter den Gedanken,
die Regentropfen an ihnen
und der Herbst, der sie vergilben läßt —

ach, Himbeerranken aussprechen,
dir Beeren ins Ohr flüstern,
die roten, die ins Moos fielen.

Dein Ohr versteht sie nicht,
mein Mund spricht sie nicht aus,
Worte halten ihren Verfall nicht auf.

Hand in Hand zwischen undenkbaren Gedanken.
Im Dickicht verliert sich die Spur.
Der Mond schlägt sein Auge auf,
gelb und für immer.

Februar

Vom Wind durch leere Straßen getrieben,
an Wirtshaus und Läden vorbei, —
Schnee hat meine Wangen gerieben
und riß mir die Haut entzwei.

Aus Asche gestreut verschlungene Zeichen
über dem freigewehten Stein.
Klingt mir das Ohr, wer will mich erreichen?
Kein Herz, kein Geläute holen mich ein.

Doch der Gedanke hat pochende Hufe,
und Kufen schleifen im Wagengleis,
ein Echo greift flüchtig nach Gitter und Stufe
aus windgebauschten Ärmeln von Eis.

Warst du es, Schatten, der meiner gedachte
und im Läuten der Schellen war?
Ach, der mich flüsternd anrief und lachte,
warf er mir Asche auf Brauen and Haar?

Betrachtet die Fingerspitzen

Betrachtet die Fingerspitzen, ob sie sich schon verfärben!

Eines Tages kommt sie wieder, die ausgerottete Pest.
Der Postbote wirft sie als Brief in den rasselnden Kasten,
als eine Zuteilung von Heringen liegt sie dir im Teller,
die Mutter reicht sie dem Kinde als Brust.

Was tun wir, da niemand mehr lebt von denen,
die mit ihr umzugehen wußten?
Wer mit dem Entsetzlichen gut Freund ist,
kann seinen Besuch in Ruhe erwarten.
Wir richten uns immer wieder auf das Glück ein,
aber es sitzt nicht gern auf unseren Sesseln.

Betrachtet die Fingerspitzen! Wenn sie sich schwarz
    färben,
ist es zu spät.

Kurz vor dem Regen

Gleich wird es regnen, nimm die Wäsche herein!
Auf der Leine die Klammern schwanken.
Ein Wolkenschatten verdunkelt den Stein.
Die Dächer sind voller Gedanken.

Sie sind gedacht in Ziegel und Schiefer,
gekalkten Kaminen und beizendem Rauch.
Mein Auge horcht den bestürzenden Worten, —
o lautloser Spruch aus dem feurigen Strauch!

Ein Schluchzen beginnt in mir aufzusteigen.
Die wandernden Schatten ändern den Stein.
Ein Windstoß zerrt an den flatternden Hemden.
Gleich regnet es. Hol die Wäsche herein!

März

Manche hoffen noch,
das Jahr werde hier enden.
Aber die Abflüsse des Schnees
sind ohne Mitleid.

Schwarz von Schlaf
das Fell des Maulwurfs.
Ihm, der dir zugetan ist,
vergehen die Wochen,
während das Hagelkorn
auf deinem Handrücken schmilzt.

In eine Schiefertafel eingegraben
kehrt die Kindheit zurück:
Das Gras richtet sich auf und horcht.

Waldblöße

Die spinnwebüberzogenen Gräser,
ein Fahrrad am Kiefernstamm,
der Fasan im Rucksack des Försters —

es rinnt zum Zeichen zusammen,
das die Vogelschwärme mitnehmen
ins Winterquartier.

Der Ring der Vogelwarte.

Ein Fremder entdeckt ihn
am Fuß der Grasmücke.
Verwundert liest er die Botschaft.

Wo ich wohne

Als ich das Fenster öffnete,
schwammen Fische ins Zimmer,
Heringe. Es schien
eben ein Schwarm vorüberzuziehen.
Auch zwischen den Birnbäumen spielten sie.
Die meisten aber
hielten sich noch im Wald,
über den Schonungen und den Kiesgruben.

Sie sind lästig. Lästiger aber sind noch
die Matrosen
(auch höhere Ränge, Steuerleute, Kapitäne),
die vielfach ans offene Fenster kommen
und um Feuer bitten für ihren schlechten Tabak.

Ich will ausziehen.

Im Sonnenlicht

Die Sonne, wie sie mir zufällt,
kupfern und golden,
dem blinzelnden Schläfer, —
ich hab sie nicht verlangt.

Ich will sie nicht, wie sie die Haut mir bräunt
und mir Gutes tut,
ich fürchte das Glück, —
ich habe es nicht verlangt.

Die ihr sie hinnehmt,
kupfern und golden,
daß sie das Weizenkorn härtet,
daß sie die Traube kocht, —
wer seid ihr, daß ihr nicht bangt?

Was üppig sie gab,
was wir genommen ohne Besinnen,
das unverlangte Geschenk, —
eines bestürzenden Tages
wird es zurückverlangt.

Was zu verschwenden erlaubt war,
die kupferne Scheidemünze,
die Haufen Goldes,
die vertanen Reichtümer, — genau
wird es zurückverlangt.

Aber wir werden leere Taschen haben
und der Gläubiger ist unbarmherzig.
Womit werden wir zahlen?
O Brüder, daß ihr nicht bangt!

Reise

Du kannst dich abwenden
vor der Klapper des Aussätzigen,
Fenster und Ohren verschließen
und warten, bis er vorbei ist.

Doch wenn du sie einmal gehört hast,
hörst du sie immer,
und weil er nicht weggeht,
mußt du gehen.

Packe ein Bündel zusammen, das nicht zu schwer ist,
denn niemand hilft tragen.
Mach dich verstohlen davon und laß die Tür offen,
du kommst nicht wieder.

Geh weit genug, ihm zu entgehen,
fahre zu Schiff oder suche die Wildnis auf:
Die Klapper des Aussätzigen verstummt nicht.

Du nimmst sie mit, wenn er zurückbleibt.
Horch, wie das Trommelfell klopft
vom eigenen Herzschlag!

Ende August

Mit weißen Bäuchen hängen die toten Fische
zwischen Entengrütze und Schilf.
Die Krähen haben Flügel, dem Tod zu entrinnen.
Manchmal weiß ich, daß Gott
am meisten sich sorgt um das Dasein der Schnecke.
Er baut ihr ein Haus. Uns aber liebt er nicht.

Eine weiße Staubfahne zieht am Abend der Omnibus,
wenn er die Fußballmannschaft heimfährt.
Der Mond glänzt im Weidengestrüpp,
vereint mit dem Abendstern.
Wie nahe bist du, Unsterblichkeit, im Fledermausflügel,
im Scheinwerfer-Augenpaar,
das den Hügel herab sich naht.

Bach im Dezember

1

Der grüne Schopf der Wasserpflanzen,
von der Strömung
dem Stein in die Stirne gekämmt.
Die Gedanken
machen das Wasser eisig.

2

Die Linien der Eisränder zeichnen Unruhe auf,
das Fieber des Schilfs, die Erdbeben der Schnecken.
Ihre Diagramme werden erwartet.

3

Der Ölfleck fuhr hinab wie ein Boot,
der Schatten der Angel ist vergessen.
Strömung, Einsicht der Fische —

Der Mann in der blauen Jacke

Der Mann in der blauen Jacke,
der heimgeht, die Hacke geschultert, —
ich sehe ihn hinter dem Gartenzaun.

So gingen sie abends in Kanaan,
so gehen sie heim aus den Reisfeldern von Burma,
den Kartoffeläckern von Mecklenburg,
heim aus Weinbergen Burgunds und kalifornischen
      Gärten.

Wenn die Lampe hinter beschlagenen Scheiben aufscheint,
neide ich ihnen ihr Glück, das ich nicht teilen muß,
den patriarchalischen Abend
mit Herdrauch, Kinderwäsche, Bescheidenheit.

Der Mann in der blauen Jacke geht heimwärts;
seine Hacke, die er geschultert hat,
gleicht in der sinkenden Dämmerung einem Gewehr.

Westwind

Vorhergesagter Wind,
atlantische Störung,
der Schnee herträgt
und das Feuer im Ofen schürt.

Rostfleck
auf der Rüstung des Kreuzfahrers,
Regentropfen, nicht mehr weggewischt,
weil er starb.

Geruch des Hundefells
und verklebtes Haar.
Weich sinken die gespaltenen Hufe
der Zugochsen ein.

Auf der Kapuze
Perlen getauten Schnees,
beleuchtet
vom Schaufenster des Krämers.

Atlantisches Tief.
Morgen sind die Häher
auf den Tannen
voll Einverständnis.

Längen- und Breitengrad,
das Gemeindesiegel,
das den Ort festlegt,
der Regentropfen
auf der Geburtsurkunde.

Das Salz der Weisheit
und die Gräber auf dem Kirchenhügel.
Ich sage dir nicht oft genug,
daß ich dich liebe.

Inventur

Dies ist meine Mütze
dies ist mein Mantel,
hier mein Rasierzeug
im Beutel aus Leinen.

Konservenbüchse:
Mein Teller, mein Becher,
ich hab in das Weißblech
den Namen geritzt.

Geritzt hier mit diesem
kostbaren Nagel,
den vor begehrlichen
Augen ich berge.

Im Brotbeutel sind
ein Paar wollene Socken
und einiges, was ich
niemand verrate,

so dient es als Kissen
nachts meinem Kopf.
Die Pappe hier liegt
zwischen mir und der Erde.

Die Bleistiftmine
lieb ich am meisten:
Tags schreibt sie mir Verse,
die nachts ich erdacht.

Dies ist mein Notizbuch,
dies meine Zeltbahn,
dies ist mein Handtuch,
dies ist mein Zwirn.

Kleine Reparatur

Kleine Reparatur: Flammenstoß aus Karbid.
Es genügt ein Mann.
Ein Riß, sagt er, im Geländer der Brücke.

Eine Heftpflaster-Wunde.
So sagt er, um uns zu täuschen,
denn Krankheiten gehen um im Drahtsystem der Erde.
Telefonleitungen und Erdkabel verbreiten sie weiter,
Lues, Tuberkulose, Krebs, Leukämie,
Krankheiten, die dem Metall nicht zukommen.
Man hat sie zu spät erkannt.

Aber was hätte man aufhalten können?
Vielleicht liegt dem eine Absicht zugrunde:
Es könnte sein, daß eine Rangänderung im Gange ist.
Das erste, was der Mensch abgeben muß,
sind seine Krankheiten.
Später das andere.

In anderen Sprachen

Wenn der Elsternflug mich befragte,
das Wippen der Bachstelze,
in allen Jahrhunderten vor meiner Geburt,
wenn das Stumme mich fragte,
gab mein Ohr ihm die Antwort.

Heute erinnert mich
der Blick aus dem Fenster.
Ich denke in die Dämmerung,
wo die Antwort auffliegt,
Federn bewegt,
im Ohr sich die Frage rührt.

Während mein Hauch sich noch müht,
das Ungeschiedene zu nennen,
hat mich das Wiesengrün übersetzt
und die Dämmerung deckt mich.

Botschaften des Regens

Nachrichten, die für mich bestimmt sind,
weitergetrommelt von Regen zu Regen,
von Schiefer- zu Ziegeldach,
eingeschleppt wie eine Krankheit,
Schmuggelgut, dem überbracht,
der es nicht haben will —

Jenseits der Wand schallt das Fensterblech,
rasselnde Buchstaben, die sich zusammenfügen,
und der Regen redet
in der Sprache, von welcher ich glaubte,
niemand kenne sie außer mir —

Bestürzt vernehme ich
die Botschaften der Verzweiflung,
die Botschaften der Armut
und die Botschaften des Vorwurfs.
Es kränkt mich, daß sie an mich gerichtet sind,
denn ich fühle mich ohne Schuld.

Ich spreche es laut aus,
daß ich den Regen nicht fürchte und seine Anklagen
und den nicht, der sie mir zuschickte,
daß ich zu guter Stunde
hinausgehen und ihm antworten will.

Wacht auf, denn eure Träume
sind schlecht

Wacht auf, denn eure Träume sind schlecht!
Bleibt wach, weil das Entsetzliche näherkommt.

Auch zu dir kommt es, der weit entfernt wohnt von den
     Stätten, wo Blut vergossen wird,
auch zu dir und deinem Nachmittagsschlaf,

worin du ungern gestört wirst.
Wenn es heute nicht kommt, kommt es morgen,
aber sei gewiß.

„O angenehmer Schlaf
auf den Kissen mit roten Blumen,
einem Weihnachtsgeschenk von Anita, woran sie
     drei Wochen gestickt hat,

o angenehmer Schlaf,
wenn der Braten fett war und das Gemüse zart.
Man denkt im Einschlummern and die Wochenschau
     von gestern abend:
Osterlämmer, erwachende Natur, Eröffnung der Spielbank
     in Baden-Baden,
Cambridge siegte gegen Oxford mit zweieinhalb Längen,
das genügt, das Gehirn zu beschäftigen.

O dieses weiche Kissen, Daunen aus erster Wahl!
Auf ihm vergißt man das Ärgerliche der Welt,
     jene Nachricht zum Beispiel:
Die wegen Abtreibung Angeklagte sagte zu ihrer
     Verteidigung:
Die Frau, Mutter von sieben Kindern, kam zu mir
     mit einem Säugling,
für den sie keine Windeln hatte, und der
in Zeitungspapier gewickelt war.

Nun, das sind Angelegenheiten des Gerichtes, nicht unsre.
Man kann dagegen nichts tun, wenn einer etwas härter
    liegt als der andere.
Und was kommen mag, unsere Enkel mögen
    es ausfechten.“

„Ah, du schläfst schon? Wache gut auf, mein Freund!
Schon läuft der Strom in den Umzäunungen, und die
    Posten sind aufgestellt.“

Nein, schlaft nicht, während die Ordner der Welt
    geschäftig sind!
Sein mißtrauisch gegen ihre Macht, die sie vorgeben
    für euch erwerben zu müssen!
Wacht darüber, daß eure Herzen nicht leer sind, wenn mit
    der Leere eurer Herzen gerechnet wird!
Tut das Unnütze, singt die Lieder, die man aus eurem
    Mund nicht erwartet!
Seid unbequem, seid Sand, nicht das Öl im Getriebe
    der Welt!